만인시인선·84

꽃 피어 찾아 가리라

최재목 시집

꽃 피어 찾아 가리라

만인사

시인의 말

같은 별에서
서로의 별을 쳐다보며 살았다.
먼 별일수록 시가 되었다.
아들아, 애비는 여기서 홀로 걷고,
생각하다 늙었다.

아홉 번째 시집을 묶는다.
무슨 말인지도 모를 시들이
푸른 절벽에서
홀로 별이 되었다.

차례

시인의 말 ──────── 5

1

아가야, 아가야 ──────── 13
곰치 ──────── 14
저 깊고 검은 ──────── 15
님 ──────── 16
내 얼굴을 그리다가 ──────── 18
입은 닫고, 꽃잎은 열어라 ──────── 19
가방 속에 뜬 달 ──────── 20
모든 비는 빌고 있는 것이다 ──────── 22
길 잃기 안내서 ──────── 24
수첩은 비석이다 ──────── 25
다시, 가방 속에 뜬 달 ──────── 26
개미들은 그냥, 간다 ──────── 27

차 례

2

그들의 그들 ──── 31

단독자·1 ──── 32

단독자·2 ──── 33

병풍 ──── 34

어리석은 고로 ──── 36

꽃은 낙서다 ──── 37

목련, 尊者 ──── 38

담배를 피우는 사람들에게 ──── 40

몸은 달력이다 ──── 41

나잇값 좀 해라 ──── 42

지구의 시 ──── 43

아픔은 몸을 갖고 싶어 한다 ──── 44

하얀 초월 ──── 46

다시, 하얀 초월 ──── 48

차 례

3

길의 저편은 ─── 51
집은 고집이다 ─── 52
불타는 집 ─── 53
길 잃은, 낯익은 ─── 54
내가 원하는 것은 무엇인가 ─── 56
꽃 피어 찾아 가리라 ─── 57
요양원에서 ─── 58
그냥 늙어 죽는다는 것은 ─── 59
河回에서 ─── 60
시의 남녀 ─── 62
푸른 절벽의 언어 ─── 63
염라대왕을 만났다 ─── 64
마포는 서글프다 ─── 66
가을 ─── 67

차 례

4

피다 만 꽃 ——————— 71
소요유 ——————— 72
고통스런 쾌락 ——————— 73
유년의 妙香 ——————— 74
동그라미, 혹은 구멍 ——————— 76
소리가 말이 되었다 ——————— 78
톨스토이에게 ——————— 80
귀한 것들은 ——————— 81
오동나무는 살아있다 ——————— 82
느낌이 걷는다 ——————— 83
검어지는 바나나를 보며 ——————— 84
글을 쓰는 순간 이미 실패하고 있다 ——————— 85
꽃이 없는 자에겐 ——————— 86

차례

5

우주 윤리학·1 ― 지구의 푸른 빛 ──────── 89
우주 윤리학·2 ― 잡음의 시 ──────── 90
우주 윤리학·3 ― 얼음의 시 ──────── 91
우주 윤리학·4 ― 빛의 시 ──────── 92
우주 윤리학·5 ― 우주살이 ──────── 94
우주 윤리학·6 ― 인간이 로봇에게 ──────── 95
우주 윤리학·7 ― 그토록 멀고 어려운 ──────── 96
우주 윤리학·8 ― 몸의 시간 ──────── 98
우주 윤리학·9 ― 달에 담아 부친 편지 ──────── 99

|시인의 산문|
시, 언어와 함께 죽기 ──────── 100

1

아가야, 아가야

가다가 넘어지고, 넘어지고
그러다
기어서라도 가는

장난감이 있고, 빛 드는 창가로,
신화 속으로
천지도 모르는 어둠 속으로
방긋 웃는, 한두 살의
고대철학사

아주 오래된 햇살아
그러다 우뚝 일어설 줄 아는
중세적 말씀아
그늘 없이 자란, 방긋대는 글자야

곰치

삼척인지 묵호인지
분간 안 되는 밤바다를 따라간다
그 끝에 뚫린
목,
구멍으로
불빛 하나 꼴깍 넘어서고
차오르곤 한다

곰치여,

무엇 하나, 그리웠다고 말할 것 없다
'곰'곰이 생각해봐도 '치'를 떠는 밤바다처럼
너를 홀홀 말아먹고
끝내 나마서노 말아믹고 마는

아, 빌어먹을

저 깊고 검은

살짝 열린
아수라의 문 앞,

오르지 못할 山頂

찰랑대는 샛강
한 글자도 바친 적 없이
4월은 가고
꽃 진다

폐허의 말씀, 허! 저 지랄염병
차마 눈 뜨고 볼 수 없어

님

누군가 든 꽃을
尊께서 사랑했네
꽃에 물려, 꽃 향기에 찔려
미소를 지을 때
죄와 벌마저 사랑할 줄 알았을까

한평생
꽃 그림자에 밟힌
법당을 서성거린
존께서
어깨를 툭 치며,
"야야, 고마 밥 묵자!"
그러자 나는
무단가출을 했는데,

아, 글쎄

꽃 한 송이 들 힘도 없이

덫이 된 나를
존께선
여태껏
나를 찾으신 적이 없네

내 얼굴을 그리다가

이제 더 그릴 얼굴이 없어 며칠째 내 얼굴만 그린다

그리다 그리다가 보면
영 딴판의 얼굴이 되고 마는
창가,
그래도 끝까지
따라가다 보면
글쎄,
나를 그려줄 또 다른 손이 있을까

낙엽 지고
찬바람 부는데
더 그려도 그리워질 것이 있을까

만포선, 국경 너머
기러기 날아오는데

입은 닫고, 꽃잎은 열어라

겨울바람을 맞으며
계단에 앉아, 다시 『논어』를 읽는다

아, 대체 내 삶이 피울 수 있는 꽃은
몇 송이일까
지난 밤, 눈 내릴 때
나는 알았다

빗방울이 모두 꽃이 되는 순간은
제로 이하의 언어로 가만 입 닫아야 한다는 것을
지상의 모든 문자가 꽃잎이 되려면
내가 그저 싸늘히 식어가야만 한다는 것을

따스한 언어로 만날 수 없는 곳에
쉿! 무량 무량 꽃들이
방금, 열반에 들었다

가방 속에 뜬 달

가방 속에 달이 떴습니다
탈탈 털어도 나올 게 없는 가방 속을
몰래 걸어 들어갑니다
무언가 더 있을까 싶어

방구석을 비추는 누추한 달빛을 따라
지퍼의 금속 이빨을 시골 완행열차 선로처럼 밟으며
불에도 타지 않고
물에도 젖지 않는 것이
있을까 싶어

막다른 어둠 앞에 서서
한참을 노크해 봅니다
혹여 고독사한 역사라도 만날까
두근거리며 헛기침도 해봅니다

글쎄, 아무것도 없고
쓸모없는 공허가

혀를 깨물고 죽어 있습니다

도대체 그런 돌봄 없는,
행방불명의 역사가 무슨 소용 있을까요
달을 찾아온 내가
죄인처럼 느껴집니다
희망을 품었던 그 원죄의 힘으로
가방 속에 오늘도
달이 떴습니다

천박할수록 욕망도 커서
달은 영영 지지 않습니다

모든 비는 빌고 있는 것이다

7월 셋째 수요일 저녁, 내내 비가 퍼부었다
경산 하양의 물볕까페에서
몇 명 안 되는 학생들과 시를 읽는 시간
시시한 시편들이 시들고 싱거워지는 순간
걷잡을 수 없이, 비는 내게 가만히 빌고 있었던 거다

제발 그만하라고, 뭣하겠냐고
창문으로 빤히 바라보이는 교회,
주님의 속내도 불편했던지
그 다음 주에도, 책장을 펴자마자
비가 퍼부었다
아, 이 다음 주에도, 다다음 주에도
비는 거침없이 쏟아지리라

그렇게 빗물에 젖어
떠내려가지 않는 시라면
오늘 이 포항 앞바다에 심심하게 떠돌고 있는
빗방울처럼, 창문 너머 빤히 쳐다보이는

정치와 파도와 사랑의 부표들

모든 비들은 그냥, 빌어먹고 있는 것이다
시시한 해안을 따라
떨떠름하게 퍼붓고 있는 것이다

길 잃기 안내서

더 멀리 가고 싶은 나는
더 이상 돌아올 수 없는 곳에서 쉰다
흉흉한 하늘엔 태양도 새빨간 거짓말이다
달도 별도 농담이다
불타는 집 밖은 더 뜨겁고, 위험하다
문틈에 홀로 쌓이는 먼지처럼
다 닳아 버린 볼펜처럼

내 언어가 끝난 곳,

투명 유리에 집을 짓고 나는 산다
길고양이가 문 긁더라도, 희귀 새들 유리창 들이박고 죽더라도
세상의 흐린 그림자일 뿐, 바람에 흔들리는 창눈일 뿐
혀는 녹고, 두 발은 닳아 버렸다
내가 끝난 난간, 세상이 끊겨 갈 수 없는 곳

수첩은 비석이다

 매년 수첩을 바꾸지만, 메모 때문에 차마 버리지 못하고 모아 둔다 몇 년, 몇 월, 며칠, 몇 시, 알 수 없이 꾸부러진 글씨는 비문이고, 수첩은 비석이다

 수년간 비석 눕혀 쌓아둔 책장 앞
 자정이 넘으면
 황금빛 시간이 걸어 나와 달빛 속으로
 끝없이 걸어간다

 수 많은 글자들 제 고향 찾아서 간다
 제자리로, 있어야 할 문장 속으로
 천년을 걸어서 간다
 쭈욱— 발 뻗고 잠들 제집으로

 단숨에 가고 있다

다시, 가방 속에 뜬 달

  지상의 끝으로 사라져버릴 별을 바라보며 논둑길을 걷던 밤은 아름답지 못했습니다 몇 번 넘어지고, 넘어지며 옥수수 꺾어 오다 신발 잃어버린 그날 밤 꿈속은 더 어둡질 못했습니다 바람은 폐허의 골목에 기대서 불어가고, 나는 바람에 끌려 나부끼면서……,

  그래서 뭣 하러 가시는지요
  그냥, 몰라서 묻는
  달이 뜹니다

개미들은 그냥, 간다

　개미들이 간다 푸른 이파리 아래로, 이팝나무 그늘을 넘어 형이상학 속으로, 차단막을 지나 철로 건너 납골의 깜깜한 밤을 지나 짐승들의 희망 속으로, 태양 속으로 스스로를 갉아먹으러 그냥 간다

2

그들의 그들

밖으로 내쫓는 것들이 자꾸
많아지는 동안,
나는 나마저도 내쫓고 있었다
밖이 행복하다고 말하는 동안,
내 안으로 걸어 들어가는
고단한 짐승들을 보았다
행렬을 이루고, 다른 것들의 몸에 얼굴 숨긴 채
몰래 걸어가는
아비의 긴 그림자를 보았다
검푸른 새벽, 가시 돋친 태양에 업힌 사내는
하늘을 날아
남쪽으로 사라져가는 것이다

단독자 · 1

불 속은 뜨겁지 않다
불이 불을 만지고 있으면, 뜨겁지 않다
얼음이 얼음을 만지고 있으면
차갑지 않다

세상의 모든 고독은
불을 품고, 얼음을 안고 산다
혼자 뜨겁고, 혼자 차갑다

자신이 자신의 근거가 되는
가장 안전한 방식이다

단독자 · 2

그 위로도, 그 아래로도 없다

오직 그것만이, 그것으로 하여, 머문다

열어 볼 창문이 없다
더 많은 것을 보고, 더 먼 곳으로 떠날
바깥이 없다

자신이 자신을 생각할 뿐이다
꽃도 그렇다, 해도 달도 별도

다 그렇다

병풍

접어두면 짧았다가 펼쳐내면 긴 가슴 속의 이야기
글씨도 그림도 숨었다가 단숨에 드러난다
한쪽은 글이고 한쪽은 그림이라
이래 펼쳐도 저래 접어도 괜찮은 사랑 이야기
제삿날엔 이쪽이 절을 받아 저쪽으로 엎드리고,
저쪽이 고요할 땐
이쪽이 일어선다
평상시는 한구석에 처박혀 있다가
이래도 되고 저래도 되는 세상을 따라
평평한 것들 출렁이며 살아난다

접힘과 펼침이 서로 안긴 주름치마처럼
이승과 저승이 서로 드나든다
이곳이 저곳이 되고, 그래도 되고 안 그래도 된다

토씨 하나 안 바꾸고 증언할 말들은 없다
열리면 편안하고 안 열리면 섭섭한 안마당의 감나무 같이

어중간에 누워 한시절 건너가는
마디마디 다 부러진, 마른 나뭇가지의
푸른 그림자,

이승을 저승으로 끌고 가다 쪼그리고 앉아
담배 한 대 피우며, 접힌
애비의 허리

어리석은 고로

새벽 기차 달리는 소리를 듣다가,
잠이 들었다
볼 수 없어야 더 잘 들릴까 싶어
다시 잠이 들었다

세상은 우는 자의 편에 서지 않고,
함께 울어주지도 않는다

서러워도 슬퍼 말고 서 있어야 할
가로등을 생각한다
어리석은 고로, 나는 잠들어서
별이나 만나러 간다

먼먼 곳으로 흐르는 물소리나 되어
객실마다 폐허를 싣고, 짐이 된
잠을 가득 끌고 간다

꽃은 낙서다

꽃은
차마 떠나지 못한 인사말,

그럴수록 창백하구나

모든 뒷모습은 향기를 남긴다

백일이나 붉어, 더 머물다 가려는 그리움엔
백미러가 없다
쓸모없어질 때 더 밝고 아름다워지는
노을 같은,

꽃은 낙서다
아무리 줄이고 줄여도
자꾸 길어지고 마는

목련, 尊者

한 송이 한 글자, 두 송이 두 글자……
목련은
담벼락을 넘고 허망을 가로질러,
자리를 틀었다

지상엔 여전히 찬바람 불고 허공엔 먼지 가득한데,
머리 들어 눈길 닿으면 모두가 극락,
한 글자 한 송이, 두 글자 두 송이로 뻗은
죄도 업보도 순백에 기대
燈처럼 빛난다

아, 글쎄 꽃잎 다 지고 나면
尊者도 떠난 淸淨
한번 물어보라, 이곳이 저곳에 붙고
저곳이 이곳에 붙은 천상을,
다리 떨어지지 않고 등껍질 깨지지 않은 맹세로
오를 수 있는지

이승과 저승이 담을 허물고,
천당과 지옥이 벽을 무너뜨린
한 송이 한 글자, 두 송이 두 글자……

담배를 피우는 사람들에게

　초등학교 4학년 때 나는 6개월 정도 담배를 피우다가 금방 끊었다. 겨울 담배밭을 어슬렁대며 동네 형들과 말라빠진 이파리를 훑어와서 비벼 신문에다 말아서 열심히 피워대다가 기절하고 말았다

　그 뒤로 나는 담배를 피우지 않았다 만일 계속 피웠다면 폐암이 걸려, 벌써 죽었을 수도 있었겠지만, 정작 폐가 안 좋아 그럴 수도 없었다

　나는 좀 일찍 깨달은 편이었다
　연기 나는 것들은 다 한물간 것들임을
　굴뚝도 입도
　연기 내뿜으며 달리는 화물차도

　찬바람 부는 겨울 건물 모퉁이나 길가에 서서 수시로 담배를 피워대는 사람들이 있는 한 이 시대는 연기를 내뿜으며, 그냥 산업혁명시대의 우울이다

몸은 달력이다

　수첩 속의 달력을 생각한다
　지갑에 갇힌 지폐나 단물을 잔뜩 머금은 껌같이
　무슨 기대나 달콤함도 없이
　굵게 동그라미 쳐진, 약속과 회의와 무슨 무슨 기념일과 숙제를 알리는 숫자들

　메모 많은 날짜의 능선을 넘으면 주말이다. 그러다 다시 시작되는 한 달.
　그러다가 다시 겨울과 봄, 10년, 20년……

　年式을 알려주는 무릎과 눈과 귀와 사지
　지나온 숫자를 기억하고, 아픔을 메모해둔 달력이다
　가을을 알고, 겨울을 느끼며
　뚫린 아홉 구멍의 상처를 데리고
　오늘도 걷는다, 달콤한 태양 빛을 따라, 生死의 입을 틀어막고

나잇값 좀 해라

목욕을 마치고 몸무게 단다
나잇값 좀 하라 해서
저울질을 한다

나는 30여 년 걸려 겨우 3킬로가 불었다
10년에 1킬로씩,
첫눈이 내리는 날, 먼지바람 부는 봄밤에도
잔치국수 먹던 날에도
10년에 1킬로씩
나는 몸 따라 조용히 불어나고 있었던 것이다

몸무게 따라
무게도 잡지 못한 30여 년이
함께 걸어오고 있있던 것이다

지구의 시

하늘이 걷던 신발 한 짝, 버려져 있다
아파트 분리수거함엔
여자의 헌 옷과 남자의 허리띠가 묶여 있다
가장 편한 자세로
이곳을 저곳으로 묶어주던, 끈이
풀려있고,
덜 잠근 수돗물이 가늘고 길게,
신발도 없이 천 리를
타박타박 걸어간다
아무도 걷지 않는 이 지상의 외곽까지
사랑한다, 사랑한다, 껴안으며
맨발로 지옥까지 간다

아픔은 몸을 갖고 싶어 한다

"그래도 자기 치아가 낫다"는 말에 속아,
몇 달을 치과에 다니지만
갈수록 더 아파, 소염진통제를 몇 번이고 먹고 견뎌보
려는데,

아,

문틈으로 새어드는 찬바람처럼,
1월 못가 흙길이 햇빛 받아 얼었다 풀렸다 하듯
미세하고, 가련하게도
내 영혼은 근본도 없이 흔들려 흐느낀다

아픔은 이제 몸을 갖고 싶어 한다

내 품에 안겨 더 이상 잠들 수 없는 아라한,
더 이상 배울 것 없는
고통의 존자

내가 버린 것도 아닌데
스스로 버려지는 것인데
도대체 무엇을 붙들려는지
그 많은 짐승이 숨어 울부짖는 곳
이빨을 가는 곳

지옥, 아귀, 축생의 문 열고 들어서서라도
아픔은 푸른 절벽 끝에 매달려
몸을 갖고 싶어 한다
틈만 있으면 내 고통도 언어를 갖고 싶은 것이다

하얀 초월

길을 가리키는
아무 표식도 없이
찍어둔 점 같은 아픔만으로, 깜빡이는
다스릴 수 없는 이곳에서
기약 없는 저곳을
찾아 나서는
마른 살갗

언어란 내 살이 간지럽게 걸어나간
창백한 피부일 뿐
손가락과 발가락, 부풀어 오르는 살점에 붙어
수척해진

이곳에서 저곳으로 건너서는 가랑잎,
눈동자
시력을 잃고, 감각을 여읜
오직 순수한 집중
가만히 잡아줄 손도,

기대도 없이
가리키는 몸짓일 뿐

희망이란
아무 말 없이
수직으로 내려서는 하얀 초월
혹은
수평으로 타들어 가는 역사

무슨 까닭으로
모두 길을 나설까
설마,
그대로 다시 돌아올 몸은 있을까요

다시, 하얀 초월

몸은, 아침을 먹는다

몸은, 마음을 자전거에 태우고 달린다

몸은, 캄캄한 밤 문틈과 침대 밑에 쌓이는 먼지이다

몸은, 어마어마한 이야기에 취해 자다가 죽는다

몸은, 알람을 설정해 조금 일찍 깨어나기도 한다

몸은, 속도를 조금 줄인다

몸은, 한 숟갈쯤 남긴다

3

길의 저편은

가을이었다
그곳까지 가는 길은 멀었다
이곳보다 저곳이 좋다는 사람들은
더 이상 그 길을 가지 않는다
푸른 절벽에 매달린 언어는 길을 잃었고,
저편은 가을이었다
저곳으로 가지 않기 위해
말씀은 불타고 있었다
닿을 수 없는 곳을
태워버리고 있었다

집은 고집이다

집은, 고집이다
똥고집이다

돌아보라
다 어설픈 유서를 남기고
어수선한 발걸음으로
등을 돌린, 헤어지며
웅크린 답답한 옹벽 아니었던가

움켜쥔 주먹이거나 닫힌 입,
문을 열면 둘러친 방이고,
벽이다

집은, 아프다
제자리에 붙들어두지 않으면
무엇 하나 마음 놓고 고칠 수 없는
고질병이다

불타는 집

열불이 치솟아 사지를 태우듯
몸은 불타는 곳,
가끔 이가 혀를 깨무는 일처럼, 풀린 신발 끈에 밟혀
스스로 넘어진다

물고 물리며,
밟고 밟혀 몸은
미로를 빠져나올 수 없다

몸의 앞쪽은 감옥이고, 뒤쪽은 무덤이다
이별을 고하고도 돌아서지 못하고, 사랑하고도 껴안아 주지 못한다
내 속에 있으면서, 내 것이라 말 못하는 혀는
누구를 위해 놀려대는가

길 잃은, 낯익은

이 봄은 왜
구구절절 궁금한 걸까
바람 많을 때
허파 다 뒤집어
눈만 껌뻑껌뻑 따라나서는 생각들,
쑥들, 가시를 불러내어
함께 묶어둔다

바짝바짝
타들어 가는 시내로
목 말라 제 발로 걸어 내려온
나무뿌리야, 산천아
철조망아

아프지 않을 돌림병에
음매, 음매 목놓아 우는
오장육부,
그 익숙한 형식에 발 묶인

검은 소,
혀를 태우고
세상에다 나를 파묻고
어두워진

입도 뻥끗 말고
그냥 쳐다만 보거라
입 없는 저 돌멩이도
꽃 안 피는 나무막대기도
사랑도, 철길도 너무 낯익어
모두 이 세상에 살며 길 잃은 것들이다

내가 원하는 것은 무엇인가

바다와 해변을 가르는, 엇비슷 누운
선을 따라 걷는다
삐딱한 게걸음으로 지상에 머물다, 선을 넘어 떠나고 마는
부표가 보이는 먼, 먼 곳으로

흥건히 출렁이는 해안의 맨 허리에 목을 묶어두고
숨 거칠게 몰아쉴 때, 묻는다
자, 말해보라!
무엇인가, 목이 잘려도 출렁댈만한
그것이 무엇인가!

물결이 흩어지고 모이는 해변
사내늘이 번 시썽선으로 붙들려기
다시 돌아오지 못한다

꽃 피어 찾아 가리라

다 그렇게
허공을 울긋불긋 은밀히 움켜쥐며
비수 꽂듯 살아간다고
그래도 된다고,
산은 말한다
빗질 일 없으니, 그저 꽃 피어
길 찾아가라고 한다
더러 서럽더라도,
산철쭉 산도화 유혈 낭자한 꽃이
가슴에 안겨 오더라도,
눈 크게 뜨고,
어이!

요양원에서

푸른 꽃 검은 꽃, 서로 하고 싶은 소리 다 하며 피어난다
눈물 콧물이 서로 만나 하나가 되고,
천상과 지하가 밤낮없이 이쪽 저쪽 몰려다닌다
그러다 신발도 가족도 잃어버리는 곳
하늘에서 가장 가까운,
햇빛에 닿아 빤히 손닿는 창가는
북망,

눈부셔라
지난날은 발이 발을 씻고, 머리가 머리를 감았을까
둥근 바퀴 몇 짝 서로서로 잠 깨워 떠나가는데
누군가 누군가를 밀면서 떠나가는데
유리 밖의 식구들 손 흔들이준디

그냥 늙어 죽는다는 것은

 너무 밋밋한 거다 뱀에 물려 죽거나 장미 가시에 찔려 죽거나 사과나무 밑에 묻혀 붉은 사과가 되거나 걸어서 별까지 가다 별똥별에 맞아 별이 되거나 영하 100도에 얼음 가루로 깨지거나 나이 들어 안락하게 죽기보다는 좀 별나게 죽고 싶은 사람들이 더러 있을 법하다 마지못해 살아가는 지옥에서 산문의 긴 문장처럼 숨 끊지 못하기보다는 차라리 시 한 구절에 번쩍 감전돼 불타 죽는 편이 낫다고 말해보라

河回에서

설렁설렁
꽃처럼
발 디딜 틈 없는 마음아

100년 된 돌배나무엔
꽃 소식 완연한데
"왜, 제비는 몇 년째 안 돌아 오는 겨?"
류 씨 종손은
처마 밑만 쳐다본다

마음 가는 곳에 가만
귀 대면 들릴까
생명 붙은 것들
둘레둘레 집 짓고, 담 디는 소리
이 풍진 두드리는
뜬금없는 발걸음아,

수리수리마하수리수수리사바하……

눈썹 밑에 집 짓는
산그늘아
그 정에 눌러붙은
바람아
아무것도 모르는 언덕아
돌배야

시의 남녘

산속에 심어둔 양파 고랑을
가만가만 고라니가 밟고 가는 동안
새는 북쪽에서 날아와 지친 날개
저녁 뉴스 속에다 접어둔다

아, 아,
몇 마리씩 너절히
흩어져가는 것,

어쩌다 한 줄 남는
쓸모없이, 그저 아름다울 수 있을까

어디인지도 모를, 눈동자의 검고 흰 경계를 넘어
사막의 노래마림 기로힐러
詩의 남녘은 따뜻할까

푸른 절벽의 언어

생각이 무너진 곳,
돌이 다 무너져내려 분간도 없이
푸른 절벽의 언어
꽃 핀다

한 푼도 안 되는 이 고요 속에

허튼, 생각마라

국물도 없다

염라대왕을 만났다

어제는 염라대왕과 식사 약속을 했다
강릉 바닷가 횟집에서
언제 당신이 인간 좀 될지 묻기로 했다

햇살 끝에
정어리떼 모이는
하루의 한복판
염라대왕은 팬티도 입지 않고
껌만 씹으며
맨발로 걸어 나왔다

아, 살다살다 너처럼 그렇게 편하다면
내가 차라리 네가 되겠다,
어, 어~지랄님병
요두발광해도 나는 죽지 않는다 하니
그냥 퍼질러앉아 운다

어라,

염라, 염라……
무슨 얼어 죽을 삶인가

마포는 서글프다

지하에서 촬영을 마치고 둘러보는
마포 뒷골목, 갈 곳 없어 더 좋은 노래 속으로나
걸어 들어간다
'마포종점'은 없다
서글픔을 사랑한 노래 속의 깊은 밤,
반은 비에 젖고, 반은 허전하다
강 건너 영등포나 당인리 발전소나
기다린들 무엇하나
하나둘씩 불을 끄는 노래 속에서나
마포는 서글프다

가을

아이들이 타고 놀던 그네가
흔들리는 곳으로,
달이 뜨는 곳으로,
또 얼마나 불안한 것들이,
발길을 돌리고 마는가
칸칸이 길게 흔들리는 그네에 앉아
무연고의 몸이
연고 없는 바람에
불려가고 있는가

4

피다 만 꽃

꽃은
세상을 듣는
가련한
형식,

한 송이로 듣고, 두 송이로 본다
더러는 잠들고, 더러는 시든다

그 중에
피다 만 꽃은
세상을 중도에 내다버린 것이다
눈이 멀어버린 것이다

소요유

  옻 밭을 관리하는 검은 사람을 보았다 칠흑의 흔들리는 흐린 그림자를 보았다 검은 꽃 속으로 검은 나비가 날아드는 분간 안 될 새벽의 고요를 보았다 지상과 천상의 담을 넘어 모든 이름의 목을 따서 달아나는 어둠을 보았다 검은 풀이 머나먼 곳으로 넘나드는 흑암을 보았다 아무 목적도 수단도 없이 별까지 걸어가는 검은 발톱의 짐승들을 보았다 발 없는 검은 그리움을 보았다 휠체어를 타고 별로 가는 구름을 보았다 하반신 없는 하늘나라를 보았다 자기복제 능력을 가진 인공지능 자율형 로봇 우주선이 먼먼 은하계를 넘어 그 너머의 깜깜한 세상을 찾아 나서는 그 날을 보았다 아무도 없는 먼먼 날의 붉은 달 뜨는 지상을 보았다

고통스런 쾌락

고통을 향해, 낙타는 끝없이 등짐 지고
걸어간다, 사람을 만나면 다 그렇게
고통의 반려가 되어 걷는다

몇 날 며칠 맨바닥에 무릎 꿇고 봐주기를 비는 꽃은
없다, 대지에 뿌리내리게 해달라 애걸복걸하는 나무는
없다, 해도 달도 마르고 닳도록 쉰다

환상을 가진 것들만이
무언가를 위해, 무언가를 향해
쾌락 속으로
피 흘리며 떠난다

유년의 妙香

　*

　할아버지도 아버지도 어머니도 삼촌도 이모도 형도 사촌 동생도 모두 중모국민학교를 다녔다 반계의 물이 흘러 금강으로 빠져나가고, 황간을 지나면 대전으로 서울로 가는 상주군 모동면 중모라는 데서 나는 백화산을 쳐다보며 자랐다 여전히 코흘리개 아이는 왼쪽 가슴에 손수건 삔침으로 꼽아 달고, 아홉 살에 일학년으로 들어가 맨드라미 자라던 화단 옆 책상에 앉아 고전을 읽었다 풀은 자랐고, 자라는 대로 뽑아댔지만 그때 그곳이 어떤 곳인지도 몰랐다 유독 컸던 플라타너스 아래서 휴지를 줍거나 화단 청소할 때도, 산수의 나누기를 못해 부끄러워 바닥만 쳐다보던 나는 땅따먹기 선을 자꾸 멀리 멀리 그으며 담벼락에 숨었다

　*

　겨울방학 땐 가끔 붙들려 침울하게, 숙직 서는 아버지 뒤를 따라 계란 귀신 나온다던 화장실 곁을 돌았다, 뽀드득 뽀드득…… 발에 밟히는 눈이 시커먼 귀신 되어 살

아나오던 까막고무신이 무서워, 무서워 가까이 다가서면 더 안 보이던 연탄을 숙직실 어둠에다 얼른 밀어넣곤 몸 파묻던 목조건물의 아랫목, 잃어버린 것들의 목록에도 나오지 않는 내 유년의 妙香

　*

　한 번도 그곳까지 병뚜껑이 가 닿질 못했던, 으스스한 낙엽의 가지 끝 검은 연기 내는 제무시 트럭이 급식빵을 싣고 오면, 줄지어 서서 배급받아 들고 가던 날의 하굣길 종소리는 책보에 쌓여 제법 부풀었다 난로가 달아오르면, 교실의 연통을 따라 솟는 연기가 구름 속으로 새보다 더 높이 날아가길 바랐다

동그라미, 혹은 구멍

못 박힌 자국,
흰 벽에 뚫린, 쥐구멍
콧구멍
목구멍
숨구멍
얼굴에 뚫린
저 별로 가는 눈구멍

空이라고도, 제로(zero)라고도, 零이라고도, 無라고도
하는 0은 세상의 구멍이다

가도 가도 끝이 없는
그러나
가장 짧은
생사의 싱크홀
지하에서 천상으로 내통하는 수로
생멸의 點

따라가다 보면 기어코 열릴
어둡고 무섭고 눈부신
빗방울, 이슬방울,
눈물

아무 기록도 없이
기어코 찾아가는
푸른 동그라미
아, 하고
입 벌린 한 소리

소리가 말이 되었다

 딱딱 똑똑 뚝뚝, 탁탁 톡톡 툭툭, 따박따박 떠벅떠벅 뚜벅뚜벅, 타박타박 터벅터벅 투벅투벅, 까작까작 꺼적꺼적, 살살 슬슬……
 소리나 모양을 그대로 옮긴 글자들의 숨소리를 가만히 들어본다
 손과 발로 사물에 닿던 최초의 몸 감각이 살아있다
 언어란 인간이 느껴온 소리와 모양의 그림자가 묻힌 세상의 살갗이다
 처음 바깥 사물에 몸을 들이대던 두려움과 불안의 반응이 살아있다

 달달덜덜, 콩콩쿵쿵, 앙앙엉엉, 콩닥콩닥 쿵덕쿵덕, 토탁토닥 투덕투덕, 팔딱팔딱 펄떡펄떡, 까칠까칠 꺼칠꺼칠, 사박사박 쩌빅저빅, 차곡차곡, 채곡채곡
 언어는 마음의 가늘고 긴 느낌을 꼬아서 만든 섬유다
 섬유로 짜낸 마음의 내복을,

 몸은 몇 겹이나 입고

소리를 율동 있는 그림으로, 그림을 소리 나는 춤으로 이동시킨다
몸을 닮은 역사와 문명의 아랫목으로 난 길

봄은
머뭇머뭇, 살랑살랑, 조곤조곤, 두근두근, 가만가만, 아장아장, 어정어정, 두리번두리번, 살랑살랑, 설렁설렁, 따르릉따르릉, 찌르릉찌르릉, 팔락팔락 펄럭펄럭, 팔랑팔랑, 펄렁펄렁 오고 있다

님은
딸랑딸랑 올듯말듯 투덜투덜 도란도란 어영부영 수런수런 머뭇머뭇 삐쭉삐쭉 토실토실 느릿느릿 간들간들 힐끗힐끗 쭈뼛쭈뼛 하늘하늘 헐떡헐떡 살랑살랑 헐렁헐렁 찰랑찰랑 촐랑촐랑 걷고 있다

톨스토이에게

톨스토이가 번역한 노자를 읽는다
집을 나와 객사를 원했던 그는
마누라의 잔소리가 싫었던 것이다

그가 펄쩍펄쩍 뛰었던 노자의 문장은
"부득이하여 전쟁을 한다"는 대목이었다
한성질 하는 直說의 인간에게 '부득이하여'라는
표현은 참 난감한 것이다

부득이하여, 차마 어쩔 수 없어
세상의 갖은 잔소리 들으며
어느 순간 훌쩍 집을 나가
아무도 모르는 곳에서 그냥
자연사하고 싶은 때도 있는 것이다

귀한 것들은

귀한 것들은 얼마나 더디고 힘든가
얼마나 드물고 약한가

어떤 것과도 맞서지 않는, 쓰러뜨릴 수 없는
아름다움이여, 꽃잎이여
너무나 가까이 있으나 보이지 않는
춘삼월이여

평생을 밟아도 밟히지 않는
아무 까닭 없음이여

오동나무는 살아있다

일하다 말고 맨바닥에 누워
오동나무를 쳐다본다
지쳐 있을 땐 몸이 땅으로 가서
먼저 눕는다

먼, 먼 곳의 꼭대기,
무언가 끊임없이 아래로 떨어진다
그게 뭔지 알 수 없으나, 내가 눕고 싶은
땅 위로
오동나무는 부질없이 살점을 밀어낸다
저 높이 모를 곳에서, 오동나무는
몸 아닌 것을 몸으로 삼아, 이파리를 만들고
꽃을 피운다

맨바닥에 누우면
모든 게 한 줌도 안 되는 순간에
끝없이 부정하며 살아남는 생명의 어설픔을
그저 바라만 보아야 한다

느낌이 걷는다

햇살 드는 길 따라 걷는다
나는 생각하지 않고 그냥 걷는다
고래가 걷고 새가 걷는다

생각은 시답잖다. 발이 땅에 닿아 느끼기 시작할 때
군더더기가 된다
물질이 되어 땀구멍을 빠져나간다
몸이 살아나면 생각이 죽는다

느낌이 허리를 펴고 걷고
햇살이 생각한다

검어지는 바나나를 보며

점이 생기다 점, 점, 점 검어지는 바나나를 보면
고민스럽다
버리려니 너무 달고, 먹으려니 좀 썩은 듯하여
내버려 두다가 결국 버리고 만다

어쩌지도 못하고 그냥 바라만 보다
돌아오던 골목
내 어머니 마지막 떠나던 으슥한 병원의 검푸른 복도,
끝내 어느 한쪽으로 흘러가 버리고 마는
운명이란
아무도 손댈 수 없는 참됨이리라

누구도 말하지 않는 것, 말한 적 없고 말해선 안 될
그저 바라만 보아야 하는 것은
바나나가 가는 길처럼
점, 점, 점 검어지는 애도의 길이다
차츰 어두워지는 구석을 따라가야만 자격을 얻는
외통수의 길이다

글을 쓰는 순간 이미 실패하고 있다

글을 쓴다는 것은 스스로 타락한다는 것, 욕망에 깊이 오염되고 세속화된다는 뜻이다

밤새 풀잎에 맺힌 천지의 얄궂은 이야기처럼
맑은 이슬은 입이 없다
할 말이 없다

인간은 글을 쓰고부터 실패하기 시작했다
하나 마나한 말들이
제 목을 조르고, 눈알을 빼고
퇴락해 갔다

아무리 패자부활전을 거쳐도, 문자로는
저 안락의 영토에 닿지 못한다

꽃이 없는 자에겐

꽃을 주지 마라
슬픔이 없는 자에겐 웃음도 주지 마라
깊은 침묵만 주라

꽃이 없는 자에겐 꽃을 주지 마라
단단한 가시만 주라

온몸이 찔려, 아파 흐느적댈 때
그것마저 줬다가 뺏어 버려라

5

우주 윤리학·1
―지구의 푸른 빛

  지구 밖으로 이사 가는 날이 오면 우리는 어떤 언어를 준비해야 하나요 돌아설수록 작아 보이는 푸른 점을 그냥 두고 돌아서면 되나요 아무 생각 없이 그냥 떠나면 되나요 두고 온 시내와 산과 들과 숱한 이름들과 딱 눈 감고 헤어지면 되나요 저쪽의 아름다움이 이곳의 슬픔인지도 모르고 그냥 멍 때리며 푸른 빛줄기 되어 그곳에 가면 되나요

우주 윤리학·2
―잡음의 시

별과 별 사이는 잡음이다
온갖 어두운 물질이 만든 사적 언어이다
돌아올 수 없이 멀어지다 다시 가까워지는
은하의 언덕, 하루도 거르지 않는 無明風
밤새 늙은 행성이 죽고 창가엔 별들의
으스러진 뼈 먼지만 쌓인다
별들의 묘지, 비닐 날리고 휴지 걸린 봉분 위로 할미꽃은 자랄까
큰물 지나간 버드나무 위의 봄
자본주의도 사회주의도 옷가지처럼 찢겨 떠내려간다
지상에서 천상에 이르는 모래길을 낙타가 걸어간다
소리와 소리의 고삐를 쥐고
억겁을 채찍질해서 간다

우주 윤리학·3
―얼음의 시

　수성에서 살던 시절은 얼음의 시간이었다 얼음의 별에서 얼음의 집을 짓고 얼음의 달력을 쳐다보며 얼음으로 살았다
　나는 자율형 인격 로봇을 데리고 태양계의 궤도를 떠돌았다 천년을 더 돌면, 저 멀고 먼 三千大千의 별들 속에 별을 따며 별이 되어 살 수 있을까 싶었다
　얼음의 구름과 얼음의 흙과 얼음의 빛과 얼음의 바람과 얼음의 밥과 얼음의 추억으로 쓴 시는 내가 외계 행성에 가서 살고 싶었던 얼음 같은 고독이었다
　손가락 끝에 열리는 고드름이었다, 별이었다

우주 윤리학·4
―빛의 시

  스스로 빛을 내는 별엔 빛의 시인이 산다
  빛의 바람과 빛의 모래와 빛의 강물과 빛의 언덕과 빛의 쓸쓸함을 바라보며
  빛의 시를 쓰는 시인이 산다

  가슴엔 빛의 비수와 원한을 품고, 빛의 가시밭길로 빛의 새 떼 거느리고
  머나먼 빛으로 간 시인이 있다
  빛의 눈물과 빛의 회한과 빛의 생명을 노래한 시인이 있다

  알콜 중독자인 아들도 그곳에 가면 빛의 알콜을 마시고
  우울증을 앓는 이들도 그곳에선 빛의 우울을 앓는다
  아들아, 아들아, 어두운 아들아, 빛의 천상과 빛의 지상에서
  빛의 옷을 입고, 빛의 이불을 덮고 살거라, 빛이 되거라

자꾸 태양계의 외곽 가로등 밑을 떠돌지 말고, 새벽마다 술 사러 문 열지 말고
 태양계 안에서, 네 안에서, 네 빛의 시를 쓰고, 네 빛에서 노래하거라

우주 윤리학·5
―우주살이

그동안 더러웠고 다시는 만나지 말자 했던 사람들이 꾸역꾸역 만남의 술집으로 모여든다 술 마시러 오는 사람들이 살기 위해 오겠지만, 어둡고 검은 입술이 무거워, 다들 마시다 죽으러 오는 것 같다, 마시기보다는 다들 토하러 오는 것 같다

원래 지구란 이런 곳이다
살아갈수록 가난하고, 덥고 더러워질 것이다
자, 그래서
청정 우주 낙원을 찾아 나서야 한다!
뜻이 있는 분들은 꼭 아래를 보시라

〈모집공고〉

- 10억 광년 우주 10년살이 / 50억원
- 달이나 화성 한달살이 / 1억원
- 연락처: AI NNN-NN-NNNN-***

우주 윤리학·6
─인간이 로봇에게

　로봇은 로봇을 낳을 수 없고 로봇에겐 죽음이 없다
　애비 에미도 없이 오직 인간 곁에 노예처럼 붙어살다 그냥 산산조각 눈보라 칠 뿐이다
　불멸하는 물질과 비물질 사이에서
　눈동자 껌뻑이는 억겁의 생명과 우주가 존재하는 이유를 알지도 못하면서
　그냥 까막눈이 되어 부서질 뿐이다
　일기장도 생일도 지갑도 신발도 주민등록증도 칫솔도 없는 그들은 인간을 보고
　"참, 인간스럽다!"고, "참 한심하다!"고 하겠지만, 그냥 그대로 살아야겠지요
　어쩌겠어요

우주 윤리학·7
―그토록 멀고 어려운

  빛의 속도로 달은 토라져 멀어져간다. 지구가 싫은 것이다. 그래, 가거라
  네 형제 곁으로, 별들 곁으로, 무량한 빛과 수명 곁으로 가서 살거라
  어린 별들의 간을 빼 먹는 나이 든 별들, 죽어도 다시 별이 되는 뜨뜻한 그늘을 따라
  쓸모없는 것들도 다른 별로 장가 들고, 눈보라 치는 흑암 속으로 시집가는데,
  아름다운가 선도 악도 아닌 곳의 하루는
  행복한가 이승도 저승도 아닌 곳의 일생은
  제 이름도 모르는 버들잎 푸르고 꽃은 붉어
  허탈한 새여, 검은 눈 파먹고 은하로 떠나는 새여, 등에 업힌 도둑이여, 청춘이여
  56억 7천만 년 뒤에 온다는 아득한 하늘 끝의 아비여, 운명이여
  단 한번도 만난 적 없고 영원히 만날 수도 없을 옆집 아저씨여
  여태 치워본 적 없는 내 방구석의 먼지여

입속에 껌처럼 붙은 뼈아픈 운명이여
긴 단층을 따라 네가 빛나면 나도 빛난다
저 먼 곳이 보이지 않으면 나도 보이지 않는다
가만히 눈감으면 나도 눈 감는다
이렇게 가깝고 쉬운 것들이, 왜 그토록 멀고 어려운
것일까

우주 윤리학·8
―몸의 시간

　별이 별을 사랑하여 별을 만들 줄 아는 몸은 어디쯤 오고 있나요
　한참을 가다 뒤돌아보면 푸른 점, 점, 점 연결된 점들의 시간일 뿐
　항하사, 아승기, 나유타, 불가사의, 무량대수의 모래 곁에
　새는 모래알처럼 날고
　버들잎 푸르러, 다슬기의 속도로 걸어가던가요
　감히 영원을 입 밖에 내진 않겠습니다, 찰나에도 기대지 않겠습니다
　부록처럼 어쨌든지 달라붙어 마냥 양지바른 곳만 찾는 모든 생각들에게도
　가만 고개 숙이겠습니다
　제 눈빛의 무게를 선니고, 적당한 거리에서 살짝 마주치며
　행성의 위치로 빛나겠습니다

우주 윤리학 · 9
— 달에 담아 부친 편지

  그 별엔 가로등이 더 필요한가요 새 한 마리 불나방 하나 날지 않고 오직 모래바람만 불 텐데요 죽음도 삶도 없는 별을 찾아오는 희미한 벌레들의 그림자는 몇이나 되던가요 외계인들 해골만이 뒹구는 사막을 가로질러 가면, 수은과 구리 섞인 모래 강물 소리는 아름다운가요 북유럽의 순록이 그려진 그림엽서 몇 장은 달이 지구로부터 한없이 멀어지던 날 그편에 실어 부쳐드릴게요 다시 더 만날 수 없나요 자투리 햇살 부스럭 별빛이 쌓여 만드는 윤달, 윤년에 다시 올 수 없나요

  그러면 안녕!

|시인의 산문|

시, 언어와 함께 죽기

1. 시를 쓴다는 것은 무엇일까? 하고 싶은 말이 있기 때문일까? 그렇다면, 시를 쓰면 하고 싶은 말을 다 하는 것일까?

2. 아니다. 말을 하면 할수록 더 궁색해지고, 생각이 더 빈곤해진다. 진짜 내뱉고 싶은 '무언가'는 점점 더 언어에 붙들려 알 수 없게 된다. 정작 내뱉고 싶은 뜻이 언어의 덫에 걸려 실어증에 걸리고 만다는 말이다.

『한비자』에 나오는 예를 들면, 진주 팔러 가는 사람이 상자를 너무 아름답게 치장해서 사람들이 상자만 사고 진주는 사지 않는 것과 같다. 신부보다도 들러리가 더 예뻐 신랑이 그만 들러리에 마음이 빼앗긴 것과 같다.

언어의 수사(修辭)가 살아나면 나의 마음은 그 뜨거운 힘에 타 죽는다.

3. 우리가 시를 쓰는 것은 도구로서의 언어에 본질이

빼앗기는 일이다. 이렇게 본말이 전도되는 일이 바로 시 쓰기이다.

　시 쓰기는 길을 찾는 것이 아니라 결국 길을 잃는 것이다. 시로 인해 길을 잃고 도중에 죽는 것이다. 언어로 목을 매서 자살하는 것이다.

　4. 나는 그럼에도 불구하고 기어코 시를 쓰고 싶어 한다. 이렇게 '쓰고 싶은' 욕망은 실패와 타락이고, 세속의 욕망에 오염되어 세속화되는 길을 걷는 것이다. 그런 것을 즐기는 일이다.

　5. 모든 글은 침묵에서 나와서 길을 잃고 헤매다가 결국엔 침묵으로 돌아간다. 누구나 죽어 무덤으로 가듯, 침묵으로 간다. 그것은 분명한 사실이다. 그러나 침묵으로 가는 도중은 시끄럽고, 변화하고 번잡하다. 대개 이곳에 마음이 홀려, 영혼을 빼앗긴다.

　6. 시를 쓴다는 것은 더 깊은 욕망의 낯선 세계를 경험하며 더 깊이, 더 철저하게 방황하는 일이다. 언어를 따라가다 언어의 좌표를 잃고 허공 속에 몸을 내동댕이치는 것이다.

7. 내가 언어와 분열되어 서로 갈라서야 한다. 그것은 입을 다물고 걷는 것이다. 대지 위에 발을 내딛는 순간 언어는 접지(接地, earthing)되어 세계와 합일된다. 언어는 죽고 내 몸이 살아난다.

8. 그러나 내 생각이 걸어가는 길은 언어와 언어로 이어진 징검다리이다. 그 징검다리로 난 길이 사라지면 생각은 죽고 세계는 침묵한다. 아니, 언어가 죽고 동시에 세계도 죽는다.

9. 언어의 죽음은 내가 생각으로 걸어서 닿고 느끼고 표현해야 할 세계의 죽음이다.

한편 언어를 가졌더라도 다른 사람의 느낌을 내가 알 수 있을까? 사실 어떤 것에 대해 각자가 느끼는 내용을 다른 사람은 알 수 없다. 그렇다면 언어가 있더라도 이미 언어는 쓸모없는 소통의 형식이다. 빈 깡통이다.

10. 사람들이 느끼는 감각의 특수한 내용을 퀄리아(qualia), 즉 감각질(感覺質)이라고 한다. 각자가 느끼고 있으나 남이 알 수 없는 느낌의 특수한 '내용'을 말한다. 예컨대 사람들과 함께 양지바른 창가에 앉아 음악을 들으며 커피를 마신다 치자, 모두 하나의 같은 형식 속에 들어 있다. 하지만 커피의 향기, 햇살의 색감, 여기에

감미로운 음악이 자아내는 분위기는 각자의 살아온 환경과 경험과 체질에 따라 다르게 느껴지고 있다. 이것을 언어로 표현한다 치더라도 거기에 과연 자신만의 느낌을 다 담아낼 수 있을까?

11. 전기가 전선을 통과하여 다른 곳으로 전달되듯 생각과 느낌도 언어의 회로를 통과하여 남에게 닿을 수 있을까. 없다! 언어가 있어도 타자와 소통의 길은 이미 끊겨 있다.

12. 어쩔 수 없이 인간은 언어에 기대서 걸어가야 하나. 언어에 기댄다 해도 말이 이미 끊겨 있다면, 말문이 막혀 있다면 결국 허접하게 떠들고 허접하게 듣는 수밖에 없다. "망언(妄言)! 허접하게 말하니, 망청(妄聽)! 허접하게 들어라"했던, 장자(莊子)에게 감사하다.

13. 이미 언어로는 실패했다. 아니 어쩌면 실패한 것이 곧 성공한 것인지도 모른다. 언어가 끊긴—막힌—어설픈 자리에 주저앉아 하고 싶은 말로 떠들면 된다. 넋을 잃고 언어를 떠나보내야 한다. 그리고 언어는 언어 홀로 걸어가야 한다.

14. 언어는 오염되었고, 타락해 있다. 투명한, 순수한 언어는 없다! 세탁해서 쓰더라도 그게 그거다. 지상의 물이 돌고 돌 듯이 나의 언어는 없고 너와 그의 언어를 함께 쓰고 있다. 내가 한 말은 이미 남이 다 해버린 격이고 나도 그것을 되풀이할 뿐이다.

15. 고로 시는 헛짓이다. 시인들이 가는 길은 허무맹랑한 길이다. 아무리 언어의 '패자부활전'을 거쳐 청정한 세계에 닿고자 해도 '언어에 의한, 언어를 향한, 언어로 가는 길'은 일찍부터 파탄 나 있다.

16. 이처럼 저주받은, 슬픈 나라는 시인의 운명! 결국 언어와 함께 죽어가는 길만이 남아있는가. 언어의 부조리를 깨닫고, 이래도 죽고 저래도 죽을 거라면, 하고 싶은 말 아무거라도 실컷 내뱉는 편이 낫지 않을까. 결국 언어로 언어를 넘어서야 한다.

17. 즉허현실(卽虛顯實)!
언어를 꺼안고, 언어와 함께, 언어 속에 살다 죽어야 하나? 그러다가 번개처럼 휙 스치고 지나가는 '말에 걸리지 않는 말', '말 아닌 말', '말이 스스로 한 말'을 만날 수 있을까.

언어라는 허망[虛]에 발을 딛고 서서[卽], 세계의 진실[實]을 드러내는[顯] 우연에 기대본다. 가끔, 행운도 찾아올 거라 생각한다.

푸른 절벽에 매달린 언어들, 고생 많다. 서러워 말자.

18. 내 삶과 생각은 대체로 지구에 한정돼 있다. 그러나 인류는 이미 우주를 향해 왔다. 이쯤에서 나도 우주를 조금 생각해 보기로 했다.

동양의 사유에서 우주(宇宙)는, '무한공간[四方左右]'의 '우(宇)'와 '무한시간[往來古今]'의 '주(宙)'가 합성된 말이다. '우'는 해와 달과 별의 부단한 움직임을 담은 무한시간의 변화를, '주'는 인간의 머리 위를 둥글게 감싼 무한공간의 형식을 말한 것이다. 이처럼 '쉼없는 시간의 집(우)'과 '끝없는 공간의 집(주)'이 합체된 것이 우주이다.

19. 지구[=天地]라는 한정된 시공간의 형식 내에서 생각하고 느낀 것을 표현한 나의 글쓰기는 한 마디로 지구적 차원의 글쓰기였다. 만일 내가 자율형 인격 로봇이 조종하는 우주선을 타고 광대한 우주를 자유롭게 떠돌아다닌다면 그에 걸맞는 우주적 스케일의 글을 써야 하리라. 그때쯤 아마 우주적 글쓰기가 생겨나리라. 자연스

레 우주 철학, 우주 윤리, 우주 정치, 우주 경제, 우주 문화, 우주 산업, 우주 통행증, 우주 학생, 우주 취업, 우주 언어, 우주 문학 등의 말들이 등장하고, 인간 중심의 사유방식도 크게 변화할 것이다.

20. 인간 중심의 윤리가 아닌, 우주 시대를 살아갈 모든 존재들의 습속과 감각을 담은 '우주 윤리'—그것이 요구되는 날, 지구의 인간과 우주 만물이 교류, 감응, 상생하는 우주적 풍경 속에 인간은 다시 '나는 누구인가'를 묻게 될 것이다.

만인시인선 84
꽃 피어 찾아 가리라

초판 인쇄 2024년 4월 15일
초판 발행 2024년 4월 20일

지은이 / 최 재 목
펴낸이 / 박 진 환

펴낸 곳 / 만인사
출판등록 / 1996년 4월 20일 제03-01-306호
주소 / 41960 대구광역시 중구 명륜로 116
전화 / (053)422-0550
팩스 / (053)426-9543
전자우편 / maninsa@daum.net
홈페이지 / www.maninsa.co.kr

ⓒ 최재목, 2024

ISBN 978-89-6349-187-5 03810

값 12,000원

* 이 책의 내용의 전부나 일부를 사용하려면 반드시 저작권자나 만인사 양측의
 동의를 받아야 합니다.

만/인/시/인/선

1. **이하석** 시집 | 高靈을 그리다
2. **박주일** 시집 | 물빛, 그 영원
3. **이동순** 시집 | 기차는 달린다
4. **박진형** 시집 | 풀밭의 담론
5. **이정환** 시집 | 원에 관하여
6. **김선굉** 시집 | 철학하는 엘리베이터
7. **박기섭** 시집 | 하늘에 밑줄이나 긋고
8. **오늘의 시 동인** | 「오늘의 시」 자선집
9. **권국명** 시집 | 으능나무 금빛 몸
10. **문무학** 시집 | 풀을 읽다
11. **황명자** 시집 | 귀단지
12. **조두섭** 시집 | 망치로 고요를 펴다
13. **윤희수** 시집 | 풍경의 틈
14. **장하빈** 시집 | 비, 혹은 얼룩말
15. **이종문** 시집 | 봄날도 환한 봄날
16. **박상옥** 시집 | 허전한 인사
17. **박진형** 시집 | 너를 숨쉰다
18. **정유정** 시집 | 보석을 사면 캄캄해진다
19. **송진환** 시집 | 조롱당하다
20. **권국명** 시집 | 초록 교신
21. **김기연** 시집 | 소리에 젖다
22. **송광순** 시집 | 나는 목수다
23. **김세진** 시집 | 점자블록
24. **박상봉** 시집 | 카페 물땡땡
25. **조행자** 시집 | 지금은 3시
26. **박기섭** 시집 | 엮음 愁心歌
27. **제이슨** 시집 | 테이블 전쟁
28. **김현옥** 시집 | 인너그라운드
29. **노태맹** 시집 | 푸른 염소를 부르다
30. **이하석 외** | 오리 시집
31. **이정환** 시집 | 분홍 물갈퀴
32. **김선굉** 시집 | 나는 오리 할아버지
33. **이경임** 시집 | 프리지아 칸타타
34. **권세홍** 시집 | 능소화 붉은 집
35. **이숙경** 시집 | 파두
36. **이익주** 시집 | 달빛 환상
37. **김현옥** 시집 | 니르바나 카페
38. **도광의** 시집 | 하양의 강물
39. **박진형** 시집 | 풀등
40. **박정남 외** | 대구여성시 20인선집